SWEEPING FOSSILS

BARRIENDO FÓSILES

Maria Elena B. Mahler

GLASS LYRE PRESS

Copyright © 2016 Maria Elena B. Mahler

Paperback ISBN: 978-1-941783-21-4

Font "Policy Gothic" designed by Andrew Leman, courtesy of The H. P. Lovecraft Historical Society, www.cthulhulives.org

All rights reserved: except for the purpose of quoting brief passages for review, no part of this book may be reproduced or transmitted in any form or by any means, electronic or mechanical, including photocopying, recording, or by any information storage and retrieval system, without permission in writing from the publisher.

Cover art: "Of Sky and Earth #23" 2016, Stephen Linsteadt
Design & layout: Steven Asmussen
Copyediting: Linda E. Kim

Glass Lyre Press, LLC
P.O. Box 2693
Glenview, IL 60026

www.GlassLyrePress.com

Contenido / Contents

Barrida limpia	8
Clean Sweep	*9*
Plumas blancas	10
White Feathers	*11*
Realidad única	12
Sole Reality	*13*
Esta ilusión	14
This Illusion	*15*
Panales de mi existencia	16
Honeycombs of my Existence	*17*
Las hormigas rebuscan	18
Ants Scavenge	*19*
Expropiación	20
Expropriation	*21*
Alma corrugada	22
Corrugated Soul	*23*
Cinco noches de Barcelona	24
Five Nights of Barcelona	*25*

El día que no llegó	26
The Day that did Not Arrive	*27*
Hay ramas	28
There are Branches	*29*
Metro de París	30
Paris Metro	*31*
En el desierto el sonido de los mares mientras susurran las hojas de las palmas	32
In the Desert the Sound of Seas as Palm Leaves Rustle	*33*
Lo que el viento abandona	34
What the Wind Abandons	*35*
La novia de la montaña de Santa Rosa	36
Bride of Santa Rosa Mountain	*37*
Anhelo ser translúcida	38
I Long to be Translucent	*39*
Sombras que pasan	40
Passing Shadows	*41*
3:30 am	42
3:30 am	*43*

Extraños	44
Strangers	*45*
Entre tus huellas	46
Between Your Footprints	*47*
Ángeles bajo de un Árbol	48
Angels Under a Tree	*49*
Sobre el caldero	50
Above the Cauldron	*51*
Entre las hojas secas	52
Between Dry Leaves	*53*
Bajo las faldas de Los Andes	54
Under the Skirt of the Andes	*55*
Invocando a Kimimila, medicina de la mariposa	56
Invoking Kimimila, Butterfly Medicine	*59*
Colectando el espíritu de los árboles	62
Gathering the Spirit of Trees	*63*
Orquídea foránea	64
Outlandish Orchid	*65*
El fin toca a nuestra puerta	66
The End Knocks at our Door	*67*

Doce lunas	68
Twelve Lunas	*70*
Feng shui para el desierto	72
Feng Shui for the Desert	*73*
Solitud múltiple	74
Solitude in Multiples	*75*
Soy el solsticio de invierno	76
I Am the Winter Solstice	*77*
Cuando el ruiseñor ya no trina	78
When the Nightingale no Longer Thrills	*79*
La luna mengua mientras el pez espera	80
Moon Wanes While Fish Wait	*82*
Expropiación II	84
Expropriation II	*85*
Agradecimientos	86
Acknowledgments	*87*
Maria Elena B. Mahler	88

Barrida limpia

Hay días cuando barrer es lo más
sagrado en la luz del amanecer.

Hay días cuando barrer es lo más inútil
contra la fuerza del viento.

Mañana el sol se sentará entre los cuernos
del toro y escucharemos el estruendoso eco

desde el centro de la tierra.

Sus lenguas de fuego abrasarán nuestro dormir

volverán a ser cenizas nuestros sueños antes de
desaparecer nosotros.

En ese gran agujero negro
hay días en que barrer

no penetra
el vacío del silencio.

Clean Sweep

There are days when sweeping is the most
sacred in the light of dawn.

There are days when sweeping is the most useless
against the strength of wind.

Tomorrow the sun will sit between the horns of
the bull and we'll hear the roaring echo

from the center of Earth.

His tongues of fire will torch our sleep

return to ashes our dreams before
we disappear.

In that grand black hole
there are days when sweeping

won't enter
the vacuum of silence.

Plumas blancas

Desafiante en mi patio
nos pillamos el uno al otro
                    mirándonos
él peleó con mis ojos

pero el gavilán no parpadeó
el amarillo de sus ojos quedó firme
como sus plumas

horripilada yo
            inhalé y
me tragué el alma
de la paloma que muere
apresada en sus garras

sus alas ocre se abrieron
llevándose a su presa

las plumas blancas se arremolinaron

llevándose a su presa
sus alas ocre se abrieron

apresada en las garras
de la paloma que muere
me tragué el alma
            inhalé y
horripilada yo

como sus plumas
el amarillo de sus ojos quedó firme
pero el gavilán no parpadeó

él peleó con mis ojos
nos pillamos el uno al otro
    mirándonos
desafiante en mi patio

plumas blancas

White Feathers

defiant on my patio
we caught each other
                    watching
he sparred with my eyes

but *el gavilán* did not blink
the yellow of his look stayed firm
like his feathers

horrified I
          gasped and
swallowed the soul
of the dying dove
in the clutch of his claws

his ocher wings opened
carrying away his prey

white feathers swirled

carrying away his prey
his ocher wings opened

in the clutch of his claws
of the dying dove
swallowed the soul
                    gasped and
horrified I

like his feathers
the yellow of his look stayed firm
but *el gavilán* did not blink

he sparred with my eyes
we caught each other
watching
defiant on my patio

white feathers

Realidad única

Cuando yo hablo
yo no estoy en tu sueño.

Cuando tú hablas
yo estoy en mi propio sueño.

De esta manera cada uno escucha
sus propias palabras.

Es por esto
que el silencio del desierto

es la mejor compañía.

Sole Reality

When I am talking
I'm not in your dream.

When you are talking
I'm in my own dream.

In this way each listens
to their own lines.

This is why
the silence of the desert

is a better companion.

Esta ilusión

Todo lo que queda es el tallado
de un río seco, donde las serpientes
descansan y se ríen
de mi locura.

This Illusion

All that remains is the carved wash of
a dry river, where snakes
rest and laugh
at my foolishness.

Panales de mi existencia

que guardan la llave de los túneles de neblina pintada
deslizándose por mi laberinto secreto

donde la cera dura atrapa mis pensamientos
mientras escaneo la salida.

Ojalá las piedras se derritieran en mi boca
como la miel. Bebo mariposas, monarcas de papel,

confío en los ángeles que están a mi lado
y vacío los bolsillos de mi ser
                        mientras exprimo
entre el giro y el estallido
de las fresas.

Pasé los últimos rayos de mi aliento
sobre un par de tacones altos
                        para sentir la certeza
de estar viva.

Ahora el compartimiento secreto
con los cien hexágonos me dice

que estoy lejos de la estación.

Debería de haber leído la receta en voz alta:
muertas las abejas y el panadero.

Honeycombs of my Existence

hold the key to the tunnels of painted fog
slinking down my secret labyrinth

where hard wax traps my thoughts
as I scan for the exit.

I wish stones would melt in my mouth
like honey. I drink butterflies, paper monarch,

trust angels are on my side
and empty the pockets of my self
                                    as I squeeze
between the spin and blast
of strawberries.

I spent the last sunlight of my breath
in a pair of high heels
to feel the concrete
being alive.

Now the secret compartment
with the hundred hexagons tells me

I'm far from the station.

I should have read the recipe aloud:
dead bees and the baker.

Las hormigas rebuscan

Tantos hombres que esperan en bancas imperdonables,
que mueren por un trabajo
bajo un refugio de plástico.

Codos que se hunden profundamente en rodillas desgastadas,
ahora en bancarrota y
las espaldas dobladas por el peso de no tener nada.

Palabras silenciosas que se rompen entre ellos,
mientras algunos ojean el estacionamiento lleno
de autos impecables y llantas recién pulidas,

mientras otros se esconden bajo la sombra de sombreros de paja,
tratando de tragar el humo grasiento que se escapa
del Tex-Mex Burger del otro lado.

Las colillas de sus cigarrillos se multiplican en el polvo,
mientras el día pasajero escoge a algunos
y la noche vacía acoge a otros.

Latas envueltas en papel, calientes
alrededor de un hombre que podría ser mi padre;
sus ojos se hunden profundos en la tierra.

Las hormigas rebuscan
entre huellas
de botas de trabajo.

Al anochecer, él regresa a su casa
sin nada más que el aire
seco del desierto en sus bolsillos.

Ants Scavenge

So many men wait on unforgiving benches,
starving for work
beneath a plastic canopy.

Elbows sink deep into worn knees
now bankrupt and
back bent by the weight of having nada.

Quiet words break between them
as some glance at the full parking lot
of spotless cars and freshly shined tires,

while others hide under the shade of straw hats,
trying to stomach the greasy smoke slinking off
the Tex-Mex Burger grill next door.

Cigarette butts multiply in the dirt
as the passing day picks some men
and the empty night welcomes others.

Cans in brown paper sit warm
around a man who could be my father;
his eyes sink deep into the ground.

Ants scavenge
through footprints
of work boots.

At dusk, he returns home
with nothing more than the dry
desert wind in his pockets.

Expropiación

El río Calle-Calle fluye frente a mi ventana
y deja los recuerdos enterrados en la arena:
un mar de chiquillos de las Ánimas que juegan a la pelota
en los escasos domingos vestidos de sol,
gitanos que rasguean bajo noches estrelladas, el fuego de mujeres
que bailan con faldas largas entre
carpas rayadas.

Con lunas llenas de lluvias y veranos
desaparecidos tras neblinas, el río creció
por la orden de un juez. Sus bordes más anchos que los de un lago,
obligado a que lo doblen y separaren
como el hombre ha decidido. Mi jardín
desplantado, desclavar lo clavado
y para siempre cerrar mi ventana.

Ya no tengo esa fuerza
del Calle-Calle.

Dejo que los papeles firmados derrumben mis muros
mientras espero entre el junco
todo vestido de plumas negras
y miro cómo el agua mueve mi destino.

EXPROPRIATION

The Calle-Calle River flows in front of my window
and leaves memories buried along its banks:
children from Las Animas playing ball
on the rare Sundays dressed in sun,
gypsies strumming under starry nights, the fire of women
in their long skirts dancing
between their striped tents.

With the moons full of rain and summers
disappearing behind curtains of fog, the river grew
by the order of a judge. Its shores wider than a lake,
obliged to bend and separate
as man decides. My garden
up-rooted, un-nailed what was nailed,
and forever closed my bedroom window.

I no longer have the strength
of the Calle-Calle.

I let signed papers break my walls
while I wait between the reeds
all dressed in black feathers
and watch how the water moves my destiny.

Alma corrugada

Un OM de plata destellaba en medio
de su frente, en ese espacio entre cejas finas.
Finas no porque se las depilara,
sino porque su alma ha viajado. Las otras
solo tenían espacios vacíos
entre líneas pintadas de café.
                        Cuando nuestros ojos se encontraron,
los de ella brillaron, y los míos les sonrieron
a las arrugas que vestía como arroyos secos
después que los diluvios desaparecieron
de tanto mirar a los niños que juegan en los parques
con pies y barrigas desnudas.

Ochenta y seis dijo el cajero. La compra me pregunté
o la edad del camino estampado en el mapa de su piel.

Corrugated Soul

Un OM de plata sparkled in the middle
of her forehead, in that space between thin eyebrows.
Thin not because she plucked them,
but because her soul has traveled. The others
only had empty spaces
between painted brown lines.
                                  When our eyes met,
hers shined, and mine smiled
at the wrinkles of dry riverbeds she wore
after the floods vanished
from watching children playing in parks
barefoot and tummies showing.

Eighty-six, the teller said. For groceries I wondered
or the age of the journey mapped on her face.

Cinco noches de Barcelona

La primera llegó en silencio
mientras escuchaba a las estrellas parpadear
contra las zonas del tiempo.

La segunda llegó acariciándome
bajo sábanas blancas,
el aroma a jazmín.

La tercera llegó adolorida
de tanto buscar historia
en la Sagrada Familia.

La cuarta llegó cantando
con guitarra y flamenco
nos hizo llorar.

La quinta llegó
sin llegar,
igual que tú.

Five Nights of Barcelona

The first one arrived in silence
as I heard the stars blink
against the time zones.

The second one arrived caressing me
under white linens,
the scent of Jasmine.

The third one arrived *adolorida*
after too much searching for history
at the Sagrada Familia.

The fourth one arrived singing
with guitar and flamenco,
it made us cry.

The fifth one arrived
without arriving,
same as you.

El día que no llegó

En el crepúsculo, detrás de la última estrella,
un silencio cubrió los bosques y los árboles se tornaron pálidos.
Las praderas se vaciaron de animales que pastan.
No cantó ningún pájaro y las flores,
abandonadas de abejas y mariposas, se vistieron de gris.

Otros habitantes continuaron manejando
con sus luces encendidas, sonriendo frente a sus espejos,
ajustándose la corbata en el molde cementado de su rutina diaria;
ignorantes del fuego de dragones que cruzaba el cielo.

Y aún otros admiraban el vivo barniz de sus uñas limadas,
sin notar que no había ni tiempo de coordinar
el color de sus ataúdes, porque el sol,
en ese día en particular, se negó a brillar.

The Day that did Not Arrive

At dawn, after the last stars turned,
a silence draped the forest and trees paled.
The meadows were empty of animals grazing.
Not one bird sang and the flowers,
abandoned by bees and butterflies, dressed in gray.

Other inhabitants continued driving
with their lights on, smiling before their mirrors,
adjusting their ties in the setting cement of their daily routine;
ignorant of the fire of dragons across the sky.

Still others admired the lively varnish of their filed nails
without noticing there wasn't time to coordinate
the color of their coffins, because the sun,
on that particular day, refused to shine.

Hay ramas

a los pies del limonero verde
enano al amanecer
hablaron las ramas muertas
cortadas después del invierno
con el peso del sol

hay ramas que se cortan
para que las nuevas den fruto
y hay ramas
que hay que cortarlas de raíz
decía mi madre con las tijeras

There are Branches

at the feet of the green lime
dwarf at dawn
dead branches speak
cut after winter
with the weight of the sun

there are branches cut
so new ones will bear fruit
and there are branches
that must be cut by the roots
my mother would say with scissors

Metro de París

Se pinta su pelo rojo como la sangre
de África.

La mano del tallador perfila sus cicatrices.

Dos líneas casi perfectas cruzan sus mejillas,
caminos oscuros
paralelos donde la miseria tamborea.

Reflejada en la ventana veo su otra mejilla
con la misma memoria en el filo del cuchillo
para que así ella y sus hijas jamás olviden.

Las marcas delinean la fatiga
vertical en su frente:
                un tatuaje no querido,
una constante vigilancia de por vida—las cicatrices hablan
a quienes las ven. También hay marcas invisibles,
cicatrices ocultas

como cuando grité en silencio bajo mi almohada.

Paris Metro

She colors her hair red like the blood
of Africa.

The carver's hand lines her scars.

Two almost perfect lines across her cheek,
parallel dark
roads from the soil where misery drums.

Reflected on the window I see her other cheek
with the same memory on the blade of a knife
so she and her daughters will never forget.

Marks delineate the vertical
fatigue on her forehead:
                        unasked tattoo,
a constant vigilance for life—scars speak
to those who notice. There are also invisible marks,
scars occult

like when I screamed in silence under my pillow.

En el desierto el sonido de los mares mientras susurran las hojas de las palmas

Un ola de viento en las hojas que mueren
a través de mi patio, aplasta las buganvilias pálidas
contra la muralla de ladrillo,
las lleva de esquina a esquina,
como una marea de pétalos y arena.

In the Desert the Sound of Seas as Palm Leaves Rustle

A rogue wind in dying leaves
across my patio crushes pale bougainvillea
against brick walls,
washes them away from corner to corner,
like a riptide between petals and sand.

Lo que el viento abandona

debajo de una cama de buganvilias
muertas
no puedo dejar de barrer

media cáscara de huevo
se rompe
cuando la luna me acosa

desde lo profundo de la fuente
peces anaranjados llaman a la niña que busca
sus ojos

caídos en el agua, ella encuentra
solo hojas transparentes entre
cucarachas que flotan

debajo de la cama
siempre hay alguna criatura
hambrienta

What the Wind Abandons

beneath a bed of dead
bougainvilleas
I can't stop sweeping

half an eggshell
breaks
when the moon hounds me

from the depth of the fountain
orange fish call out to the girl who searches
for her eyes

in the water, she finds
only transparent leaves between
cucarachas floating

underneath the bed
there is always a hungry
creature

La novia de la montaña de Santa Rosa

El aroma a granito cálido
lento en retirarse, aún
entretenido alrededor de su cuello.
Entre el Palo Verde vestido de amarillo
un moscardón errático se precipita hacia atrás
y hacia adelante
como queriendo perforar en su cabeza
una ventana
a la melancolía.
La luna deja que sus lágrimas derritan
pozas de arena.

Remolinos del diablo dan vueltas a los fósiles quebrados
pero ella no puede recordar la primera vez.

Bride of Santa Rosa Mountain

Scent of warm granite
slow to leave, still
lingers around her neck.
Between Blue Palo Verde dressed in yellow
an erratic bumble bee darts back
and forth
as though wanting to pierce
the window at her head
into her melancholy.
The moon leaves her tears to melt
pools of sand.

Dust devils stir broken fossils
but she can't remember the first time.

ANHELO SER TRANSLÚCIDA

neblina que se desdobla suavemente

el madurar de limones con canciones de abejas iluminadas de sol

un olorcito a jazmín suspendido en una esquina

brindamos por nuestra sagrada unión

nuestro hijo salpicando en su baño

tú y tu amante en una casa de vidrio

vapor en la ventana mientras tomo mi té

hojas caídas destiñéndose a fines de otoño

polvo que flota sobre mi cama desarmada

el aliento de aquellos que respiran por última vez

luz de luna que brilla en las sombras

donde mi cáscara yace esperando

I Long to be Translucent

rolling fog gently unfolding

the ripening of lemons with sunlit songs of bees

a wisp of jasmine lingers in a corner

we toasted our sacred union

our child splashing in his bath

you and your lover in a glass house

steam on the window as I sip my tea

fallen leaves fading at the end of autumn

dust floating over my unmade bed

the breath of those who breathe their last

moonlight glow in the shadows

where my shell lies waiting

Sombras que pasan

Me paseo por el oscuro
mensaje de la lechuza

tiento los verdes resplandores
de la media luna
en las sombras del guayabo.

Las hojas crujen a mis pies.
La memoria de un niño

en la batalla

atrapado entre el deseo
de correr o encontrar
la bestia que se esconde.

Passing Shadows

I stroll through the obscure
message from the owl

tempting green glows
from the half moon
in the shadow of the guayabo.

Leaves crackle near my feet.
The memory of a child

in battle

caught between the wish
to run or find
the beast that hides.

3:30 AM

impenetrable este silencio que se arrastra
te encuentro buscando con la mirada a través de las raíces de los árboles

solo hay memorias durmientes cuando te vas

el alba gatea por la sombra del limonero
y el escorpión se retira por los poros de las estrellas

3:30 AM

impenetrable this silence drags
I find you peering through roots of trees

there are only memories sleeping when you leave

dawn crawls in the shade of the lemon tree
and the scorpion retreats through the pores of stars

Extraños

Su pequeña mano saludó
desde el asiento trasero. El resplandor

en la ventana reflejó el mío
saludando
            al tiempo congelado.

Saludé a un hombre viejo
que llevaba bolsas sucias de papel,

él voló ante mi ventana
despreciando nuestra oportunidad.

Mi mano se congeló sobre el cristal.

Una vez, saludé a mi vecina,
una pelirroja mayor de paso rápido.

Ella frunció su ceño con cuidadosa consideración—
ojos amarillos, cuello curvo hacia abajo

con una doble barbilla en desaprobación.
Mi mano se congeló
        en el aire.

Cuando me cruzo con algún extraño,
mis ojos ahora se rinden

a la fría vereda.

Strangers

His little hand waved
from the back seat. The glare

on the window reflected mine
waving back
     frozen time.

When I waved to an old man
carrying filthy paper bags,

he swooped past my window
despising our chance.

My hand froze on the glass.

Once, I waved to my neighbor,
an elderly *pelirroja* with quickened steps.

She frowned in careful consideration—
yellow eyes, neck curled down

into a disapproving double chin.
My hand froze
in the air.

Crossing the occasional stranger,
my eyes now surrender

to the cold sidewalk.

Entre tus huellas

barrer el espacio
no es lo mismo
que barrer la arena
no es lo mismo
que barrer la tierra
no es lo mismo
que barrer el piso

buscando significado

barrer el piso
no es lo mismo
que barrer la tierra
no es lo mismo
que barrer la arena
no es lo mismo
que barrer el espacio
entre tus huellas

Between Your Footprints

sweeping the gap
is not the same
as sweeping sand
not the same
as sweeping the earth
not the same
as sweeping the floor

finding significance

sweeping the floor
is not the same
as sweeping the earth
not the same
as sweeping sand
not the same
as sweeping the gap
between your footprints

ÁNGELES BAJO DE UN ÁRBOL

Acosada por las campanas, mi vientre
no puede entender,
mientras otros cantan la gloria de su nacimiento.

Me paseo sobre baldosas frías por una casa vacía
con mi cara cubierta de invierno
y contracciones bajo mis pies.

La verdad no importa cuando es demasiado tarde.
Las tradiciones, una a una, se escaman de mi piel,

empujan contra mi soledad.
Habitaciones vacantes y camas ordenadas
acordonadas por el arrepentimiento.

Las cajas en el garaje se expanden
con el pasado: las mantas de los críos,

el primer zapato fundido en bronce
escondido para que ellos descubran.

Angels Under a Tree

Harassed by the bells, my womb
cannot understand,
while others sing glory to his birth.

I pace on cold tile through an empty house
with my face covered in winter
and cramps beneath my feet.

Truth doesn't matter when it's too late.
Traditions, one by one, scale off my skin,

push against my solitude.
Vacant bedrooms and tidy beds
roped off by regret.

Boxes in the garage expand
with the past: baby blankets,

first shoes cast in bronze
tucked away for them to discover.

Sobre el caldero

Cuarenta y cuatro veces
el sol pasa por mi casa
y me pregunto
cuántas más
              para acabar con este infinito paseo.

La luna me responde desde su océano
que nada aquí vale
              la pena
para qué mirar el reloj
                que gira en vano
cuando podemos beber los océanos
de otros mundos.

Sagitario con arco en mano
dice derrítete en la antorcha de Júpiter
y pegúntale a la luna por su blanco
donde podrás encontrar
                los fósiles de tu memoria.

Dime luna
cómo desentierras
              tesoros tan profundos
para que una sola lágrima
                se convierta en diluvio.

Above the Cauldron

Forty four times
the sun passes my house
and I ask myself
how many more
               to finish this endless toil.

The moon answers from her ocean
that nothing here is worth
                     our sorrow
why look at the clock
               that spins in vain
when we can drink from oceans
of other worlds.

Sagittarius with bow in hand
says melt in the torch of Jupiter
and ask the moon for her white
where you will find
               your fossils of memory.

Tell me moon
how do you unbury
               treasures so deep
that one emerging tear
               becomes a flood.

Entre las hojas secas

tu pelo y mi pelo
menguan con la caída
de Júpiter
rosa mexicana se abre
entre pétalos
ante el hibisco rojo
torcido entre los miembros
que lentamente
            regresan
                      a la tierra

Between Dry Leaves

your hair and my hair
wane with the fall
of jupiter
mexican rose opens
between petals
before the red hibiscus
twists between limbs
that slowly
         return
                to earth

Bajo las faldas de Los Andes

En el espejo del río Calle-Calle
las nubes cubren la vista
a las constelaciones.

Sus fuegos ardientes se calman
cuando las mareas bajan por sus valles y
el viento las empuja.

En lo profundo de sus ojos
ella esconde sus secretos de nacimiento y
las perlas que atraen a la luna.

Su espíritu descansa en una hoja flotante
sobre una bandada de pájaros de atardecer y
bancos de peces amarillos.

Un brazo de luna destapa
la manta sobre los Andes.

Antes de que su piel se disuelva,
las estrellas vuelan a su boca
y en cascada bajan por su garganta.

Under the Skirt of the Andes

On the mirror of the Calle-Calle river
clouds cover the view
to constellations.

Her burning fire calms
when tides run down her valley
and wind pushes.

In the deep of her eyes
she hides her birth secrets and
pearls to lure the moon.

Her spirit rests on a floating leaf
above a flock of sunset birds and
schools of yellow fish.

An arm of moonlight pulls away
the blanket over the Andes.

Before her skin dissolves,
stars fly into her mouth
and cascade down her throat.

Invocando a Kimimila, medicina de la mariposa

I

Siete soles en el desierto y yo aún
                            barro las hojas muertas
que arrastré desde las profundidades del Cono Sur y
Thunder Bay. El amargo

sabor de la hierba de mi tierra—la yerba mate—
remoja la aflicción de mis antepasados
entre mis piernas. Dejo que el frío

aire del desierto penetre mi cuerpo. Siento el golpe de
la arena contra mi cara, ahora desnuda
                                 tras témpanos
disecados—un mar restringido bajo la arena fría.

Ignorar no es lo mismo que no-existir.

Desde una caja escondida, pequeñas voces
que no alcanzaron a ser
voces, esperan. Son estrellas
                         muertas que alguna vez cayeron de mi vientre.

La sangre de dragón en mi linaje
cubre la culpa y mistifica
mi vergüenza.

II

La mujer del norte baña mis pies con aceite,
unta la sangre
        de San Juan más allá de la superficie del refugio de la
memoria:

      los gritos abandonados en aguas calientes, lo profundo
      de un ojo negro, embrión de mariposa, engendro de seda.

Cuencas de cuarzo cantan cristales sobre mis cicatrices.
                                        Su sangre celta
circula, vestida con cabellos de invierno, llama a los espíritus en todas
las direcciones con cantos de sirena:

      Las mujeres de aguas profundas
      saben dónde han escondido a sus hijos.

      Mi llanto cabalga sobre un búfalo por las planicies
      exorcizadas por su violín como dos fantasmas. Él me levanta

      hasta sus estrellas montadas en la piel curtida de la noche.

Las estrellas iluminan lo escondido, lo sacrificado, y las miradas de
perdón
se vuelven mariposas de luna mientras rasgo los hilos de la oscuridad

entre planetas y el ir y venir. *La vida es fácil,*

      me grita la bestia, cargando contra un sol que cae
      en el horizonte con su aliento. Ahí,

más allá de la puesta del sol, donde los osos hacen sus cuevas
construyo un altar para los ángeles mutilados—

    dos velas encendidas con la cara de Buda.

III

Mi pecho se abre al rojo sumergido
    en los dientes de una comadreja preñada:

    Las nubes se hinchan de amargura de la misma manera que la transmutación siente el peso antes de desistir.

Alas de polilla se desdoblan al amanecer,
    me acercan a la tenue luz.

    No hay carga más inútil que aquella que escondemos
    en las aguas de algún río.

    Soy Kimimila, soy mariposa, mis rayas brillan:

Prendo más velas, las caritas revolotean.

Invoking Kimimila, Butterfly Medicine

I

Seven suns in the desert and I'm still
                                       sweeping the dead leaves
I dragged from the depths of El Cono Sur and
Thunder Bay. The bitter

taste of the herb of my land—*la hierba mate*—
soaks the affliction of my ancestors
between my legs. I let cool

desert air penetrate my body. I feel the blast of
sand against my face, now naked behind
                                      icebergs
desiccated—a restricted sea beneath cold sand.

    To ignore is not the same as non-existence.

From a hidden box, little voices
that were not able to be
voices, wait. They are dead
                              stars once fallen from my womb.

The dragon's blood in my lineage
covers the guilt and mystifies
my shame.

II

A woman from the north bathes my feet with oil,
rubs the blood
                      of San Juan beyond the surface, the refuge of memory:

    the screams abandoned in *aguas calientes*, the depth
    of a black eye, butterfly embryos, silk cocoon.

Quartz-bowls sing crystals over my scars.
                                        Her Celt blood
spinning, dressed in winter hair she calls spirits in all
directions, those in tongues of sirens:

    Women of deep waters
    know where they have hidden children.

My cry rides a buffalo through the plains
exorcised from her violin like two ghosts. He lifts me

to his stars mounted on the stretched hide of night.

Stars illuminate the hidden, the sacrificed, and forgiving gazes
turn into moon butterflies as I break through the thread of
obscurity

between planets and the coming and going. *Life is easy,*

    the beast shouts, charging against the sun falling
    in the horizon to his breath. There,

beyond the sunset, where bears make their caves
I build an altar for mutilated angels—

    two candles with Buddha faces burn.

III

My chest opens to red submerged
       in the teeth of a pregnant badger:

       Clouds swell with bitterness in the same way transmutation senses gravity before letting go.

Moth wings unfold at dawn,
       bring me closer to the tenuous light.

       There isn't a more useless load than the one we hide
       in the water of some river.

       I am Kimimila, I am butterfly girl, my stripes glow:

I light more candles, little faces flutter.

Colectando el espíritu de los árboles

en una pequeña botella:
                        galbano, incienso y sándalo
destilados en un sable

y la carga
del espíritu. Escondido
del colibrí

que zumba mi cabello y pregunta
por qué
los campos están vacios

en una mañana de domingo.

Gathering the Spirit of Trees

in a small bottle:
>
> galbanum, frankincense, and sandalwood

distilled into a sword

and the charge
of spirit. Hiding
from the hummingbird

that buzzes my hair and asks
why
the fields are empty

on a Sunday morning.

Orquídea foránea

Un solo tallo se precipita
hacia el aire, explota al lado

de la ventana de mi cocina.
Los pétalos púrpura me ojean

y sonríen todas las mañanas
como un niño a su madre,

despreocupado de su lugar
en este mundo.

Lejos de lluvias tropicales
en un cánope verde, desraizada

del tronco de una palma
o de algún baniano,

ella respira el agua de la llave,
mientras yo refriego los trastes.

Año tras año, ella florece
ni una lágrima rueda por su mejilla.

Outlandish Orchid

A single stem rushes
into the air, bursting beside

my kitchen window.
The purple petals peek

and smile at me every morning
like a child to her mother,

unconcerned with her place
in this world.

Far from tropical rain falling
on green canopy, uprooted

from the trunk of a palm
or a banyan tree,

she breathes in tap-water,
while I scrub pans.

Year after year, she blooms
not a tear down her cheek.

El fin toca a nuestra puerta

Un estruendoso silencio
detiene el zumbido del aire-acondicionado.
Nuestra sangre de vida
se aplana.

Afuera
los tacones se hunden en el asfalto
mientras otros buscando respuestas en el desierto
se callan.

Escuchamos
a las paredes y los huesos se encogen
mientras la temperatura aumenta
más allá de la ebullición.

Es luna llena
y me pregunto qué nos hace vivir
como un *cuckwhalla*
en un mar abandonado;

y pienso en los indios Cahuillas
que escalaban el Monte San Jacinto
para refugiarse
bajo las sombras del pino piñonero.

Sus espíritus ahora se burlan
del sudor que se acumula en nuestros ombligos
cuando el dios de nuestra energía
explota en indignación.

The End Knocks at our Door

Thunderous silence
no drone of air-conditioning.
Our life blood
flat lines.

Outside
heels sink into asphalt
as those searching for answers in the desert
grow quiet.

Listen
to walls and bones shrink
as temperature rises
across the boiling.

Full moon
and I wonder what made us dwell
like the chuckwalla
on an abandoned sea

and I think about the Cahuilla
who climbed Mount San Jacinto
to take refuge
under the shade of *piñon* pines.

Their spirits now mock
the sweat that accumulates in our navels
when the god of our power
blows in outrage.

Doce lunas

Tres lunas

Estos últimos tres meses he caminando
sobre la tierra fría de mi cueva

me he detenido para encender un pentágono de velas
que me lleva por los ciclos del pasado.

El incienso guía mi soledad para sentirlo todo.
                                        Las criaturas

que se arrastran sobre mis pies ya no me estorban.

Miro a través de la oscura profundidad
sin saber cuándo saldré.

Cinco lunas

La luna se sienta mientras el cuerno de un toro estrellado
mira fijo hasta que yo quiebro mi silencio.

Donde todo es música orquestada, camino
por la cámara de un nautilo.

El cangrejo abandona su pirámide para ofrecerme argollas.

Saturno censura con una ceja.

Nueve lunas

Con la novena, dejo que el sabor de la noche
roce la piel entre mis muslos—una tierna brisa
que acaricia los pétalos aún húmedos.

El cosmos gira como un sombrero galáctico sobre mi cabeza.

El agua gotea de la fuente. Las suculentas beben
en terracota. Mi casa de adobe se hunde
en medio de un desierto sin revelar.

Doce lunas

Sentada a la mesa con la luna:
                        una pequeña cáscara de tamarindo
sobre el mantel del amanecer.

Se transforma en un arco de luz. Entre sus dedos
soy la flecha que apunta a Saturno.

La mañana devora los últimos cuerpos celestes.
Su sonrisa se vuelve translúcida,

mientras los murciélagos cierran la noche sobre un azul fresco.

Todos los meses estoy invitada a su casa
pero solo ahora
                por la puerta del amanecer.

Twelve Lunas

Three Lunas

For the past three moons I have walked
over the cold soil in my cave

stopping to light a pentagon of candles
to guide me through cycles of the past.

Incense guides my solitude to feel it all.
                                              Creatures

crawling over my feet no longer bother me.

I look through the obscure *profundidad*
not knowing when I will emerge.

Five Lunas

The moon sits as the horn of a starry bull
stares until I break my silence.

Where all is orchestrated music, I walk
through the chambers of a nautilus.

A beetle abandons his pyramid to offer me a ring.

Saturn censors with one brow.

Nine Lunas

With the ninth, I let the taste of night
brush the skin between my thighs—a tender breeze
caressing the petals still humid.

              The cosmos spins like a galactic hat over my
head.

Water drips from the fountain. Succulents drink
in terracotta. My adobe house sinks
in the middle of an undisclosed desert.

Twelve Lunas

Sitting at my table with the moon:
                        a small tamarind shell
over the tablecloth of dawn.

She transforms into an arc of light. Between her fingers
I'm the arrow that aims at Saturn.

The morning devours the last heavenly body.
Her smile becomes *translúcida,*

while bats draw the night closed over fresh blue.

Every month I am invited into her home
but only now
            through the door of dawn.

Feng shui para el desierto

Sobre la arena del sur
entre aves de paraíso pongo un río de piedras
para que la abundancia fluya

Y donde todo se transforma
ni una montaña de cristales tallados
es suficiente

Por más que cuelgue sobre las puertas
       flautas de bambú
           espejos cóncavos contra flechas envenenadas
        sándalo y salvia
       contra las sombras
                  en las esquinas

    es ahí donde el agujero del ser palpita

Feng Shui for the Desert

Over the sand in the south
between birds of paradise I place a river of stones
so abundance shall flow

And where everything transforms
not even a mountain with carved crystals
is enough

For more we hang over doors
        bamboo flutes
        concave mirrors for poisoned arrows
        sandalwood and sage
        for shadows
                in the corner

    there is where the hole of being beats

Solitud múltiple

La fortuna de primavera
no son sus colores salpicados sobre el desierto
sino el canto de los pájaros
en mi moribunda jacaranda. Canturrean uno tras otro
como si uno le contara algo a los demás.

El otoño arrasó con sus plumas, desgarró
el púrpura y el verde de mi jacaranda y dejó
nuestra piel expuesta. Sobre el esqueleto
del invierno sólo quedó un pájaro—parado
en mi jacaranda antes del amanecer
           cantándole a su propio eco. Un ruiseñor
sobre una rama muerta
es mejor que cien pájaros cantando en mi funeral.

Solitude in Multiples

The fortune of spring
is not the colors splashed over the desert
but the songs of birds
on my dying jacaranda. They tone one at a time
as if one is telling something to the others.

Fall scattered their feathers as it snapped
purple and green off my jacaranda leaving
our skin exposed. On the winter skeleton
only one bird remained—perched
on my jacaranda before dawn
singing to its echo. A mockingbird
on a dead branch
is better than a hundred birds singing at my funeral.

Soy el solsticio de invierno

Limpio la mancha de mujer
       en su cara—resucito su espíritu
       cuando todo mi ser eclipsa el sol.

El lince anuncia que él guardará
       el secreto—deja plumas entre las hojas secas.

    Sobre la pared al oeste
                caen los limones.

Por seis lunas dejé la máscara
       que me regaló mi madre en un cajón
       donde nada crece

como una muerta aún viva—
       de cara blanca
       que mira sonriente a la luna—

medio enterrada en los minerales
       de donde ella renace.

I Am the Winter Solstice

I clean the stain of woman
      off her face—resuscitate her spirit
      while all my being eclipses the sun.

      The lynx announces he will keep
      the secret—leaves feathers between dry leaves.

            Over the wall in the west
                        lemons fall.

For six moons I placed the mask
      that my mother gave me in a box
      where nothing grows

like death still living—
      her white face
      looks with a smile at the moon—

half buried in the minerals
      from which she is reborn.

Cuando el ruiseñor ya no trina

el humo blanco persiste
suspendido por los dedos
elevándose lentamente
por los rayos del sol
en un cuarto sombreado
el cono resplandece
en rojo silencioso
tan distante
tan descartado
como el faro brutal
que cubrimos en la oscuridad
detrás de las mentiras
que nos contamos y
renovamos
en nuestro cumpleaños
en momentos
en esos especiales momentos
cuando el canto del ruiseñor
ya no trina
y la luz plateada de la luna
deja pétalos
que agonizan
en cenizas
como el cono
en solo unas pocas bocanadas
todo lo que quedará
y será recordado
es el aroma
a champa

When the Nightingale no Longer Thrills

white smoke lingers
suspended by fingers
rises slowly
through sun rays
in a shadowed room
the cone glows
in silent red
so distant
so dismissed
like the brutal beacon
we veil in dark
behind the lies
we tell ourselves and
renew
on our birthdays
at times
in those special times
when the nightingale
no longer thrills
and the silver moonlight
leaves petals
to flatline
in ash
like the cone
in just a few breaths
all that will remain
and be remembered
is the scent
of champa

La luna mengua mientras el pez espera

No le dije, *caballero*
que la luna mengua
mientras el pez espera impaciente.

No sé por qué, *mister*,
usted ignora
las vueltas en vano de las montañas de trigo.

Usted se olvida de la espada que cuenta los minutos
para atravesar cada vertebra de la bestia

luego asarla lentamente sobre la cama naranja
mientras usted se saliva por un *morsel*.

No le dije, *señor*
que la esperanza
no alargará el tren

tampoco el viaje que tome. Porque en ambos
usted llora

el sabor de los caquis de invierno
entre sus dientes y su

lengua lentamente se hincha
jura que
usted jamás morderá la fruta negra.

No sé por qué, sir,
usted no escucha
las bisagras oxidadas

del portón negro que
anuncian su sueño.
Un gran nudo dentro de su garganta

y sus manos ruegan
que se detenga lo impensable.

Pero usted me estaba esperando. Usted sabía que yo venía.

Moon Wanes While Fish Wait

I didn't tell you, *caballero*
the moon wanes
while fish wait impatient.

Don't know why, mister,
you ignore
the idle spin of mountains of wheat.

You forget the spear that counts the minutes
to run through each vertebrae of a beast

then burn slowly over the orange bed
while you salivate over a morsel.

I didn't tell you, *señor*,
that hope
will not elongate the train

nor the journey you take. For in both
you mourn

the taste of winter persimmons
between your teeth and your

tongue slowly swells
swearing
you will not bite the black fruit.

Don't know why, sir,
you don't listen
to the rusty hinges of

the black gate
announcing your sleep.
A great knot inside your throat

and your hands plead
to stop the unthinkable.

But you were waiting for me. You knew I was coming.

Expropiación II

Cuando las paredes se caen y el techo se levanta
nos quedamos sentados en el sillón
con la vista.

La boca de mi padre abierta y el periódico
entre sus manos. Toda una vida para llegar a
ese momento.

El río café arrastra
árboles quebrados
después de la tormenta.

Las gaviotas revolotean sobre los lobos marinos
mientras la luna desnuda
nada en agua profundas.

Cadáveres grises emergen burbujeantes y
los remolcamos al mercado de
la otra vida: cena para alguien.

Mientras las paredes se caen y el techo se levanta
nos quedamos
sentados en nuestro sillón
                         mirando
                                 al universo.

Expropriation II

While the walls fall and the ceiling raises
we stay sitting on the sofa
with the view.

My father's mouth open and the newspaper
between his hands. An entire life to build up
to that moment.

The brown river drags
broken trees
after the storm.

Seagulls play above sea lions
while the moon naked
swims in deep water.

Gray corpses bubble up and
we tug them to the market of
the afterlife: dinner for someone else.

While the walls fall and the ceiling raises
we stay
sitting on our sofa
               looking
                           at the universe.

Agradecimientos

Me gustaría agradecer a los editores de las siguientes publicaciones en donde algunos de estos poemas han aparecido con anterioridad: *White Feathers* (Poeming Pigeons, The Poetry Box 2015), *What the Wind Abandoned* (Under the Radar, UK 2015), *This Illusion* y *Moon Wanes While Fish Wait* (Beyond the Lyric Moment, Tebot Bach 2014), *When the Nightingale No longer Thrills* (Saint Julian Press 2012). Los poemas en español *Orquídea Foránea, El Día Que no Llegó, Expropiación* y *Cinco Noches de Barcelona*, fueron publicados en diferentes antologías del Centro de Estudios Poéticos de Madrid, España, 2011-2014.

Estoy profundamente agradecida a Mariano Zaro por prestarme sus ojos españoles para la versión en castellano y también a aquellos quienes contribuyeron con invaluables ediciones en la versión en inglés: Russell Thorburn, Pacale Petit, William O'Daly, Mel Weisburd, David St. John, and Primus St. John. Quiero agradecer a mis lobas poetas: Sharon Alexander, Anita Harmon, and Nancy Campbell por su constante apoyo y brillantes ideas. También quiero agradecer a Kathabela y Rick Wilson, junto con Lois P. Jones, por abrir las líneas de infinitas posibilidades. También doy infinitas gracias a mi marido, Stephen Linsteadt, quien creyó en mis versos y me empujó para que comparta mi voz. Mi corazón está lleno de gratitud y de un inmenso cariño por cada uno de ustedes.

Acknowledgments

Acknowledgments are due to the editors of the following publications in which some of these poems first appeared: *White Feathers* (Poeming Pigeons, The Poetry Box 2015), *What the Wind Abandoned* (Under the Radar 2015), *Moon Wanes While Fish Wait* (Beyond the Lyric Moment, Tebot Bach 2014), *This Illusion* and *When the Nightingale No longer Thrills* (Saint Julian Press 2012). Spanish translations of the poems *Outlandish Orchid, The Day That did Not Arrive, Expropriation,* and *Five Nights of Barcelona* were published in different anthologies from El Centro de Estudios Poéticos in Madrid, Spain 2011-2014.

I am deeply grateful to Mariano Zaro for lending me his Spanish eyes in the editing of the Spanish version and to those whose English editing and guidance was invaluable: Russell Thorburn, Pascale Petit, William O'Daly, Mel Weisburd, David St. John, and Primus St. John. I want to thank my *lobas poetas*: Sharon Alexander, Anita Harmon, and Nancy Campbell for their encouragement and editorial insights. I also want to thank Kathabela and Rick Wilson along with Lois P. Jones for opening the lines of infinite possibilities. And to my husband, Stephen Linsteadt, who first believed in my verses and pushed me to reach out with my voice. My heart is full of gratitude and love for every one of you.

Maria Elena B. Mahler

Maria Elena B. Mahler's poetry has been published in English and Spanish in *Badlands, Saint Julian Press, Poets on Site, Under the Radar* (UK), *Fredericksburg Literary Review, Fire Tetrahedron,* and others. Her poetry has also been included in the anthologies *Beyond the Lyric Moment* (Tebot Bach 2014) and *Poeming Pigeons* (The Poetry Box 2015). She was a finalist in the 2011 San Francisco-based *Primer Concurso de Poesía Latinoamericana en Español.* In 2016, she was also a finalist in the annual competition by *Bordersenses.* Her poetry was selected for four Spanish anthologies published by *El Centro de Estudios Poéticos* in Madrid, Spain. Maria Elena has two fiction short-stories published in *Conclave* (Balkan Press 2016) and *Red Earth Review* (2016). She co-authored the non-fiction book *The Heart of Health* (Truth Publishing). She was the editor of the poetry anthology *Woman in Metaphor* (NHH Press 2013), a collection of twenty-seven poets from around the world who were inspired by the paintings of Stephen Linsteadt.

Maria Elena was raised in the South of Chile. After graduating with a degree in Communications, she lived and worked in Mexico and Canada, and currently resides in the Sonoran Desert of Southern California.

La poesía de María Elena B. Mahler ha sido publicada en inglés y español en *Badlands, Saint Julian Press, Poets on Site, Under the Radar* (UK), *Fredericksburg Literary Review, Fire Tetrahedron*, y en otras. Su poesía también has sido incluida en las antologías *Beyond the Lyric Moment* (Tebot Bach 2014) y *Poeming Pigeons* (The Poetry Box 2015). Maria Elena fue una de los finalistas del Primer Concurso de Poesía Latinoamericana en Español en San Francisco en el 2011. Recientemente, su obra fue seleccionada para cuatro antologías españolas publicadas por El Centro de Estudios Poéticos de Madrid en España. Los cuentos cortos de María Elena también han sido publicados por *Conclave* (Balkan Press 2016) y *Red Earth Review* (2016). Ella es la co-autora del libro de no ficción *El Corazón de la Salud* (Truth Publishing Co.) y la editora de la antología poética *Woman in Metaphor* (NHH Press 2013), una colección de 27 poetas de distintos lugares del mundo inspirados en las pinturas de Stephen Linsteadt.

María Elena se crió en el sur de Chile. Después de graduarse con un título en comunicaciones, vivió y trabajó en México y Canadá, y actualmente reside en el desierto de Sonora del Sur de California.

Glass Lyre Press

exceptional works to replenish the spirit

Glass Lyre Press is an independent literary publisher interested in technically accomplished, stylistically distinct, and original work. Glass Lyre seeks diverse writers that possess a dynamic aesthetic and an ability to emotionally and intellectually engage a wide audience of readers.

Glass Lyre's vision is to connect the world through language and art. We hope to expand the scope of poetry and short fiction for the general reader through exceptionally well-written books, which evoke emotion, provide insight, and resonate with the human spirit.

Poetry Collections
Poetry Chapbooks
Select Short & Flash Fiction
Anthologies

www.GlassLyrePress.com

www.ingramcontent.com/pod-product-compliance
Lightning Source LLC
Chambersburg PA
CBHW021447080526
44588CB00009B/726